Guia Práktiko pa Skibi un Buki

Siña skibi bo buki paso a paso

Drs. Luisette Kraal MA

Kolofon
Drs. Luisette Kraal RN, BA, MA.
Saved to Serve International Ministries
Diseño gráfiko: Dajo Graphics
Editator: Rose Mary Kelie/ Dennis Raphael
@Saved to Serve International Ministries 2017
www.luisettekraal.com
Facebook/LuisetteKraal
ISBN: 978-1-7379647-5-9

KONTENIDO

Gradisimento	1
Dedikashon:	3

Introdukshon:
Mi ke skibi un buki	5
Pa Eskritornan Nobo	7

Kapítulo 1
Preparashon pa skibi	9
Tópiko	10
Investigashon	11
Tópiko den un frase	11
Públiko	11
Ken ta bo lesadó?	13
Fikshon	14
No-Fikshon	15
Género	15
Pa kua edat bo ta skibi?	16
Un ehèmpel di No-Fikshon	17
Un ehèmpel di Fikshon	18
Plòt	19
Ehèmpel di un buki fikshon	
E plòt den Riba Kaya	20
Tópiko:	22

Kapítulo 2:
Kuantu pa Skibi?	23

Buki ku pintura pa mucha:	
(0-2) (2-4) (4-6) aña.	24
Buki pa Muchanan ku ta Lesa Nan Mes:	25
Lesadónan di 7-10 aña	25
Lesadónan entre 8 pa 12 aña	26
Buki pa Hóben:	26
Pa Hende Grandi:	27

Kapítulo 3:
Krea bo Personahenan — 29

Kapítulo 4:
Traha un plan di buki. — 35
Un Plan General òf un Plan Intensivo? — 36
Traha bo tabla di kontenido — 37
(tambe yamá skelèt) — 37
Kon pa prepará bo mes: — 39

Kapítulo 5:
Prepará pa Skibi — 43
Pone tempu pa skibi tur dia: — 43
Kuminsá bo historia ku un "bram". — 50
(Algu ku ta dal duru!) — 50

Kapítulo 6:
Kon ta skibi? — 51
Skibi bo buki ku ayudo di bo "coach". — 52
Den e fase aki, skibi, sigui skibi i skibi. — 53

Kapítulo 7:
Gramátika: 55
   Sinónimo: 56

Kapítulo 8:
Título   61
   Pensa riba hopi título   62
   Importansha di e Título   62
   Sinku kos ku un bon título mester tin: 63
   Suptítulo.   66

Kapítulo 9:
Editá   67
   Revishon   67
   Editor   69
   Parti Doloroso di Editashon   70
   Buki na Dieta   71

Kapítulo 10:
Finalisá   73
   Kolofon   73
   Paginá di Rekonosementu: 75
   Dedikashon   75
   Rekomendashon   76
   Kompilashon: 76

Kapítulo 11:
Formashon i   77
Publikashon   77
   Formashon   77

Na Kòrsou.	*78*
Sais di e Buki	*79*
Merka	*80*

Kapítulo 12:
Kaft — **81**

Kaft Dilanti	*82*
Título di Estudio	*82*
Deskripshon	*83*
Biografia di autor:	*83*
Kategoria	*84*
Search Keywords	*84*
(Buska Palabranan Klave)	*84*
Publiká bo Buki!	*85*

Gradisimento

Mi ke yama mi famia i amigunan ku a yudami ku e buki aki danki. En espesial Rose Mary Kelie i Dennis Raphael ku a yuda mi editá.

Tambe na tur mi amigunan di Facebook ku ta kla tur momento pa yuda mi buska sinónimo korekto pa mi buki. Un danki di kurason!

Dedikashon:

Mi ke dedika e buki aki na mi bon amigu Oscar "Enchi" Coffi ku a traha henter su bida den imprenta i a stima produsi buki. Sosega na pas "Enchi".

Introdukshon:

Mi ke skibi un buki

Skibi un buki ta un kos hopi dushi pero na mes momento por ta hopi estresante. Un eskritor por keda pegá mahos i sin por kaba e buki. E buki por tuma demasiado tempu, bira muchu diki òf keda muchu fini.

E eskritor por lubidá detayenan den e buki, manera e nòmber di un di e karakternan òf e koló di e kas ku nan ta biba aden. E eksperensia aki por frustra un eskritor di tal forma ku e ta stòp di skibi pa semper i pèrdè chèns di un goso grandi den su bida.

Tin algun eskritor ta kaba nan buki, pero nunka ta tuma e siguiente stap pa publiká. Talbes e paso ei ta parse demasiado grandi! Algu imposibel i kostoso. E buki ta keda einan den e kòmpiuter òf den e lachi sin niun hende les'é.

Un kos mi por bisa bo ta ku skibi un buki ta, e eksperensia di mas dushi na mundu!

Naturalmente mi no ta bai hasi manera e ta dushi so, e ta un trabou duru tambe.

Tin hende ta keda pensa ku nan no tin sufisiente talento pa skibi un buki. Naturalmente talento pa skibimentu ta yuda bon pero no wòri si bo no tin talento. Bo por siña skibi! Bo por kuminsá skibi kuenta kòrtiku, "blog post", òf artíkulo pa "Facebook". Si bo konosé un hende ku un blog, un website òf un revista di skol òf korant bo por skibi p'é. Asina bo ta trein pa skibi bo buki.

Kada eskritor tin su mes estilo di skibi. Algun di nos ta skibi mas ku 100 blachi sin stòp pa editá òf kambia kos. Te ora nan kaba di skibi nan ta bai les'é i editá. Ami ta yama nan "Ranka kibra".

Otro ta skibi, drecha i editá na mes momento. Ami ta yama nan "Poko poko pero sigur".

Ora bo desaroyá bo mes estilo di skibi bo lo sa kua di e estilonan ta pas mihó ku bo. No tin regla spesífiko pa kon ta skibi un buki.

Ami mes ta skibi tur kos te ora mi kansa i ora mi bin bèk e siguiente dia mi ta editá esun di ayera i skibi di nobo awe. Pues, bon mirá, un kombinashon di e dos formanan.

Pa Eskritornan Nobo

Si bo ta ègt nobo nobo den e trabou di skibi aki, sigui e konsehonan den e buki aki te ora bo desaroyá bo mes estilo.

Bo por lesa e buki aki den tres parti: E parti di preparashon, e parti di skibimentu i e parti di publikashon. Lesa kada parti, studi'é i komprond'é bon. Hasi e kosnan ku mi ta sugerí bo. No bula pida. No kuminsá skibi si bo no tin bo plan kla.

Kapítulo 1

Preparashon pa skibi

Den e parti aki nos lo trata kon bo ta prepará bo buki nobo. Bo no ta djis kue pèn i papel òf laptop i kuminsá skibi. Plania e aspektonan manera tópiko di buki, oudiensia, título, meta di e buki, tema di e buki i plan pa e buki promé bo kuminsá.

Tur esakinan ta kai bou di preparashon di bo buki. Hasi tur esakinan PROMÉ ku bo kuminsá skibi un pia di palabra.

Tópiko

Hopi biaha hende sa bisa mi: "Mi tambe ke skibi un buki."

"Ahan leuk," mi ta bisa nan e ora ei. (Paso skibi un buki ta agradabel di bèrdat!)

"Tokante di kiko?" Mi ta sigui puntra nan. E pregunta aki ta fásil. Mesora nan ta lansa den un splikashon hopi profundo ki sorto di buki nan ke skibi. Nan tin nan idea kla, sea ta un buki di testimonio tokante di un sanashon, un liberashon di droga òf un novela. Hende ku ke skibi sa tokante di kiko nan ke skibi. Esei ta sigur anto asina ta bon!

Promé ku bo skibi, bo mester determiná e tópiko. Tokante di kiko bo ke skibi? Skohe un tópiko ku bo sa bon di dje. E tópiko ku bo ta eksperto den dje, esei bo ta skibi di dje. Si bo ta bon trahadó di bolo bo por skibi un buki di reseta. No skibi un buki di kosementu si bo no sa nada di dje. Si bo a wòrdu saná di kanser i bo ke skibi bo testimonio, skibi loke bo sa i loke bo a pasa aden. Bo no tin nodi di skibi tur tratamentu di kanser ku tin na mundu. Skibi loke abo sa di dje.

Investigashon

Despues ku bo skohe bo tópiko bo mester kuminsá hasi investigashon riba bo tópiko. Ounke ku bo sa hopi di dje, bo no por dependé di loke bo sa so. Mas despues nos lo mester papia mas tokante dikon ta hasi investigashon.

Tópiko den un frase

Despues di investigashon i ora bo sa bo tópiko bon, ta bin un tarea difísil. Formulá bo tópiko den UN FRASE. Tuma un ora pa bo formulá i strukturá bo UN FRASE. Bo mester por bin ku UN FRASE pa bo tin bo idea skèrpi formulá riba papel.

Públiko

Ora mi hasi e siguiente pregunta aki na e eskritor nobo, e problema ta bin:

"Ken ta e públiko ku bo ta bai fiha riba dje? Ken ta bira bo oudiensia?"

Nan wowo ta span. Mi ta riparά ku nan wowo ta bai den laira, dal un rònchi i bin bèk.

Algun di nan ta puntra mi... "Kon bo ke men?"

Mi ta ripití mi pregunta usando otro palabra pa hasié mas kla ainda. "Kua tipo di hende bo ta skibi p'é? Pensa riba edat, sekso, inteligensia, nivel di edukashon. Ken bo ke pa bira bo lesadó?"

Antó mayoria biaha e kontesta ta meskos: "Pa tur hende!" òf "Tur hende por lesa mi buki." Òf asta, "Mi no ta bai deskualifiká niun hende!"

Un bia mi a usa 30 minüt splikando un señora ku nunka niun hende no ta skibi un buki pa "tur" hende. (Esei no ta kita ku tur hende por les'é.) Por ehèmpel: Si mi skibi un buki di reseta pa traha bolo di kasamentu, mi ta skibi'é pa trahadónan di bolo. Un mucha di 8 aña ku a siña lesa na skol por les'é pero no ta p'é e buki ei ta. Un buki di novela di amor no ta intenshoná pa un mucha di 10 aña. Asina tur buki tin un oudiensia.

Si mi puntra bo. "Ken ta bo públiko? Ken bo ke pa ta bo lesadó?"

No kontestá: "Tur hende."

Esaki NO POR. "*Tur*" hende lo no ta interesá den bo tópiko.

Ken ta bo lesadó?

Bo mester determiná ken ta bo lesadó.

Semper mi ta duna e ehèmpel di un buki pa mucha. Imaginá bo ku bo skibi un buki di un sapu kòrá masha lif mes ku ta biba na Banda Bou. Bo mester skibi e buki pa un mucha chikí lesa. E buki mester tin lèter grandi, ku pintura, i ku rima. Pero nos tur sa ku un mucha di tres aña no por lesa, pues ta su mayornan lo les'é p'é. Pues nan tambe mester gusta e buki pero e buki no ta skibí pa nan! Si e mayor ei gusta e buki, lo e les'é tur anochi pa su yu, ounke ku e buki no ta dirigí na e mes.

Asina bo mester skibi tur bo bukinan, skohe bo públiko i skibi pa nan. Ehèmpelnan di públiko por ta: Hende hòmber, hende muhé, mucha, mucha muhé, mucha hòmber, mucha entre 1 pa 5 aña, mucha entre 6 pa 8 aña, mucha ku a pèrdè un mayor den tráfiko, mucha ku tin un enfermedat, mucha ku tin ku bai un biahe largu, tiner ku ta pensa pa frei, tiner ku ta buskando informashon pa bai studia, tiner ku tin problema na kas, hende muhé ku ke siña kushiná, hende muhé ku a pasa den abuso, hende hòmber ku ke siña drecha outo, hende hòmber ku ke siña traha ku kòmpiuter, hòmber ku ke hasi ehersisio. Eksigensia ta pa e buki ta skibí pa e públiko speshal ei.

Bo por skohe pa skibi un buki den dos kategoria grandi: fikshon i no-fikshon.

Fikshon

Fikshon ta un historia ku no a sosodé di bèrdat pero bo ta krea e kuenta aki den bo maginashon i skibié. E buki "Riba Kaya" ta un bon ehèmpel di fikshon. E dos personahenan prinsipal di e buki aki ta, Djèn Djèn i Gònchi. Nan ta biba na Brievengat, nan ta hòrta, gaña, hasi malu, te dia Mener Roy kai aden. Ni Djèn Djèn, ni Gònchi, ni Mener Roy no a eksistí. Nan tur tres ta fikshon. Maginashon. Pero e buki ei ta mihó lesá dor di e tinernan. Dikon? E kuenta ta mishi ku kurason di hopi mucha. E kosnan ku Djèn Djèn ta pasando aden ta kosnan ku hopi mucha a pasa aden. Pues no ta paso Djèn Djèn ta un produkto di imaginashon e historia no ta inspirá hende! Bo por usa fikshon pa siña hende kiko ku bo ke.

No-Fikshon

E género no-fikshon ta bukinan ku ta skibí pa pasa informashon di un pa otro. E informashon ta un kos real. Un ehèmpel ta e buki ku bo ta lesando aki. E ta un buki informativo ku e meta di instruí bo pa skibi buki mas mihó.

Bo por skibi un buki pa yuda hende, por ehèmpel "Traha bolo i habri bo mes negoshi." Asina bo por pensa hopi mas ehèmpel.

Género

Wak den bo rèki di buki. Kiko bo ta mira? Novela? Buki di ayudo? Buki di mucha? Buki di skol?

Kua di e géneronan aki bo ke skibi? No skohe bo buki solamente pa e género ku lo bende bon. No ta pasobra bukinan di spiritismo ta bende bon bo mester skibi den e género aki. Sigui bo kurason. Loke bo gusta lesa, loke bo sa di dje, loke ta interesá bo pa sa mas di dje. Eseinan ta mihó pa bo skibi di dje.

Den e dos divishonnan aki, fikshon i no-fikshon, bo tin hopi género di skohe for di dje. Tin mas género pero esakinan lo yuda bo bastante. Ata un lista aki:

Satiro	Akshon i Atventura	Romanse
Misterio	Autobiografia	Yudansa Propio
Salú	Guia	Biahe
Buki pa Mucha	Religion, Spiritualidat	Siensia
Historia	Matemátika	Fantasía
Poema	Encyclopedia	Diktionario
Kómiko	Arte	Buki di Reseta
Diario	Journal	Buki di orashon
Drama	Trilogia	Biografia
Science fiction	Buki pa Hóben	

Awor ku bo sa bo tópiko, bo públiko i bo género, bo por bai usa bo tempu pa fiha un tiki mas profundo riba nan. Algun pregunta ku por yuda bo:

Pa kua edat bo ta skibi?

Determiná pa kua edat bo ta skibi. Mucha, hóben òf hende grandi? Kada un ta eksigí diferente kantidat di palabra, tamaño di lèter i tipo di buki.

Laga mi duna bo un ehèmpel riba buki di reseta.

1. Dia mi yu muhé Jo-Hanna, tabata tin 3 aña, nos a ripará ku e gusta kushiná. Mi a kumpra un buki p'é ku reseta pa mucha traha. Nos a traha hopi kos leuk huntu i te dia di awe mi yu ta traha kos dushi masha bon mes.
2. Mi yu mayó Timothy, a kaba di bai Hulanda bai studia. Mi a bestèl un buki di reseta, pa hóben ku ta bai studia, p'é. Asina mi sa ku e sa kiko e mester pa e kushiná kuminda básiko.
3. Mi mama, Diana, ta trahadó di bolo. Si mi mama hasi aña i mi ke regal'é un buki di reseta, mi mester buska un buki hopi mas sofestiká i na Papiamentu! Kier men e mesun género, "Buki di Reseta" por wòrdu usá pa diferente edat i meta.

Un ehèmpel di No-Fikshon

Tópiko:

Mi tópiko ta bai tokante "Kore baiskel". Mi gusta kore baiskel, mi tin hopi aña ta hasi e deporte aki i mi sa hopi di dje. Mi a studia ingeneria i mi ta hopi tékniko i mi ke skibi di baiskel.

Públiko:

Mi ke skibi pa hendenan ku ke kuminsá kore baiskel i ke prepará pa esaki.

Género:

Mi ta bai usa e género di Ayudo Propio (No-Fikshon). Den e buki aki lo mi splika stap pa stap kiko e hende mester pa e por bira un bon siklista.

Edat:

Mi ta bai fiha mi mes riba hende hòmber hóben, talbes entre 18 pa 28 aña ku ke siña esaki. (Òf, mi ta bai fiha riba parehanan ku ke kore huntu, hóben adulto ku ta traha kaba i tin sèn pa kumpra nan baiskel i asesorionan. Entre 23 pa 30 aña.)

Un ehèmpel di Fikshon

Tópiko:

Mi ta bai skibi over di pushi. Tin muchu pushi ta kana rònt i no tin sufisiente hende pa tuma e pushinan den nan kas. Pa e motibu ei hopi pushi tin ku wòrdu eliminá tur aña.

Públiko:

Mi ta bai skibi pa mucha sa di e problema aki. Entre 8 pa 10 aña, ya nan mes por lesa e buki

Género:

E ta bai bira un buki pa mucha tokante di Akshon i Aventura

Plòt

Awor bo tin hopi informashon tokante di skibi bo buki! Ban kuminsá traha e plòt awor. E plòt ta e historia mes mes ku bo ke skibi. Bo plòt por ta te ku un página.

Eksposishon, kos ta bai malu, akshon pa solushon, kos ta bai malísimo, akshon, solushon.

Ami gusta usa un parábola pa splika kon un buki mester kana.

E historia ta kuminsá – kos ta bai malu. (malísimo) – e protagonista ta pensa un solushon- kos ta bai bon- pero bira bai malu atrobe-otro solushon- kos ta bai bon- bai malu atrobe. Na final, ku Dios su yudansa kos ta bai bon.

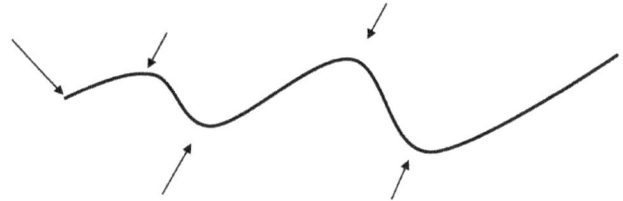

Ehèmpel di un buki fikshon E plòt den Riba Kaya

Problema:

Djèn Djèn i su amigunan tin hamber. Nan no a kome henter dia ainda.

Solushon:

nan ta bai hòrta. Si nan haña sèn nan

por kumpra kuminda.

Problema:

Mener Roy ta gara Djèn Djèn. (Problema mas serio.) E por bai GOG òf bai será awor.

Solushon:

Mener Roy ta tene Djèn Djèn na su kas.

Problema:

Djèn Djèn ta huí

Solushon:

Djèn Djèn ta topa Grandi i e ta dun'é kos di bebe i kome. E ta dun'é un left pa bai bèk Brievengat.

Problema:

Djèn Djèn mester yuda Grandi atraká un machi.

Problema mas grandi:

Polis ta buska Djèn Djèn pa sera.

Solushon final:

Mener Roy ta bolbe buska Djèn Djèn i bai kas kuné. I papia ku polisnan p'é.

Ehèmpel di un buki No-Fikshon (Nos no ta yam'é plòt akinan. E ta mas un stap pa stap pa wak tur e kontenido ku bo lo ke.)

Tópiko:

Benefisionan di kome apel.

Kua malesa apel ta prevení.

Kon ta kumpra apel.

Kon a traha djus di apel.

Ki tipo di vitamina tin den apel.

Ehèmpel di un hende ku a kome apel.

Kome apel ta bon pa drumi bon.

Kome apel ta prevení kanser.

Kome apel ta yuda baha peso

Kapítulo 2:

Kuantu pa Skibi?

A wor ku bo a skohe tópiko, género, edat, lesadó, i bo plòt ta kla, bo por kuminsá plania bo buki. Nos ta bai kuminsá wak di patras bai dilanti. Keda ku mi aki.

Laga nos kuminsá wak kon diki bo ke bo buki bira. Den skibimentu nos ta konta palabra, no blachi. Paso lo bo ripará ku bo por parti palabra den kuantu blachi ku bo ke. (Tin buki di mucha ku tin un palabra pa página òf un frase pa kada página.)

Den e mundu di awor aki mi ta konsehá eskritornan pa no sali ku un buki demasiado diki. Lesadónan no ta kumpra un buki diki fásil si nan no sa bo estilo di skibi. Sali ku un buki moderá pa promé bia. Tèst e hendenan. Wak kiko a kai bon i kiko mester adaptá.

Aki mi ta duna bo algun sugerensha. Nada no ta un lei formal pero esakinan por yuda bo skohe un tiki.

Buki ku pintura pa mucha: (0-2) (2-4) (4-6) aña.

Un buki pa mucha chikí por tin un average entre 50 – 1.000 palabra. (Tene kuenta ku hopi buki por tin ménos palabra.) Mucha chikí mester tin rima i frase kòrtiku. Hopi biaha e bukinan tin énfasis riba koló, kontamentu, bestia, avion, outo, òf naturalesa.

E buki "Zoe i Señor Tòm", ku mi a skibi, tin 600 palabra, (dos página) pero el a tene mi man mes mes. Pasobra den tiki palabra mi mester duna e mucha e informashon ku mi ke, ku rima, di un manera ku e por komprondé i siña di dje. No ta fásil.

No ta nesesario pa bo mes pinta e buki. Ora bo kaba di skibi e buki bo ta buska un artista ku sa kon ta pinta buki di mucha. Generalmente nan ta kobra pa pintura. Laga e pintor lesa e historia pa e sa di kiko bo ta trata. Lag'é pinta un pintura di e personahe prinsipal pa bo sa si bo gust'é. Si tur kos bai bon, lag'é pinta pa bo. Bo por usa e website www.Fiver.com pa bo haña pintornan di afó. Ami a usa unu di India pa mi buki "Hopper, Needs Clean Water." E ta un buki digital via di Kindle. Esaki a bira un BestSeller na Amazon.

Buki pa Muchanan ku ta Lesa Nan Mes:

Muchanan ku ta lesa un tiki nan mes entre edat di 5 pa 8 aña por tin entre 50 pa 2.500 palabra. Tene kuenta ku tambe ta dependé si e mucha a wòrdu stimulá pa lesa òf nò. Tin mucha tin edat pero ainda nan ta lesa ménos.

Lesadónan di 7-10 aña

Buki pa lesadónan un tiki mas avansá, entre 7 pa 10 aña por tin entre 2.500 pa 12 mil palabra. Ounke e muchanan ta mas grandi nan ta apresiá pinturanan den e buki ketu bai. No nesesario mester ta di koló. Por ta pintura ku pèn simpel pero e ta yuda e mucha lesa e buki.

Lesadónan entre 8 pa 12 aña

Esakinan ta muchanan ku ta lesa bon kaba i ta apresiá un bon buki. Bo por skibi entre 20 mil pa 25 mil palabra. Mi buki "RIBA KAYA" tabata tin 26.333 palabra. Mi a publik'é ku un fònt (tamaño) 13.5, pa e lèternan ta un tiki mas grandi. Originalmente e no tin diseño aden pasobra ta despues mi a pensa esei. Mi ta editando esaki pa e sali di nobo ku pintura aden.

Buki pa Hóben:

Hóbennan di 12 aña bai ariba por tin entre 35.000 pa 45.000 palabra. Den e bukinan aki bo no ta pone hopi pintura. Kada kapítulo por tin un pintura pa yuda e mucha komprondé pero esaki no ta nesesario. Skibi frase kòrtiku. Wak pa bo grandura di lèter ta un tiki mas grandi ora bo ta imprimí. Talbes 13 òf 14. Pero tur kos ta dependé di esun ku hasi diseño i e tipo di lèter ku usa.

Hóbennan gusta tin logro. Kap bo buki den kapítulonan kòrtiku pa nan por konta kuantu kapítulo nan a lesa kaba. Si bo skibi un buki ku lèter un tiki mas grandi ku ta lesa fásil, e hóben por finalisá esaki mas lihé. Den e tempu di kòmpiuter ku tur hende ta purá purá bo no por kuminsá skibi un buki muchu largu i pisá.

Pa Hende Grandi:

Si bo ta skibi pa hende grandi, bo por tene kuenta ku e indikashonnan aki:

10,000 palabra: pa un pamflèt

20,000 palabra: un buki kòrtiku, manera un eBook òf un Kindle.

40,000–50,000 palabra: un buki di bon tamaño.

60,000–70,000 palabra: un buki, di novela òf edukashon mas largu.

80,000 –100,000 palabra: Un novela serio, un buki diki.

Mi ta konsehá pa bo no kuminsá skibi un buki den e kategoria di mas grandi.

No skibi mas ku 50 pa 60 mil palabra pa e promé buki. Mi buki, "Mimina, Katibu pa Kuantu tempu Mas?", ta un ehèmpel di esaki. E tin solamente 55 mil palabra pero e ta nèt bon pa tene den man i lesa.

E sifranan aki ta un indikashon pa bo tene kuenta kuné ora bo ta plania bo buki. Pero no ta regla firme nan ta, pero nan ta un guía pa yuda bo traha un plan.

Sigur si e buki ta bo promé buki no desviá demasiado for di e indikashonnan aki.

Kada palabra ku bo skibi mester konta. No usa palabra di mas. Editá, limpia, kòrta i laga kada frase keda simpel i fásil pa lesa. No ripití.

Kapítulo 3:

Krea bo Personahenan

Bo personahenan ta kurason di bo buki. Ken no konosé Hercules Poirot i Miss Marphle di Agatha Christie? Òf, Pinkeltje, Dick Trom, Alice di Alice in the Wonderland, Sneeuwwitje òf Sherlock Holmes? Kua mucha no konosé Nanzi òf Shon Arei? Ken ta duda ora nan tende e nòmber di Djèn Djèn di e buki "Riba Kaya"? E personanan aki ku nan personalidatnan ta duna bo buki un kurason ku ta bati duru. Nos komo lesadó ta bira amigu ku nan.

Ta p'esei ta bon pa bo skibi un biografia chikí di bo personahenan. Mi ke bo "pinta" nan. Nos mester por "mira" nan.

Ken bo personahe di mas prinsipal ta? Koló, haltura, kara, kabei, wowo, lep, orea i tur otro kos ku por yuda nos mira nan mas mihó den nos mente.

- **Skibi un Biografia di kada un di e personahenan ku bo sa ku lo ta den e buki**: Ki dia el a nase? Unda ela nase? Kon yam'é? Nòmber i fam. E ta riku? Pober? E tin mayor? E ta bai skol? E ta traha? E ta hasi deporte? E ta studia na Una? E ta biba afó pa un tempu?

  Pensa tur su detayenan. I skibi nan promé ku bo kuminsá skibi e buki.

  Ehèmpel: Hopper ta un sapu, bèrdè. E tin mama, tata i ruman. E ta biba den dam di Sufisant. E gusta landa i bula. E ta puntra i investigá tur kos pa e sa.

- **Konosé bo personahe i su motivashon**: Kiko e ke? Dikon e ta reakshoná manera e ta reakshoná? E ta un hende rabiá? E ta mal kontentu? Alegre? Kreyente? E gusta manda òf e ta ketu manera un raton?

Ehèmpel: Hopper gusta hunga den awa i drumi riba baranka. E tin hopi miedu di muchanan di bario pasobra e sa ku nan ta gusta hinka sapu den bòter bai kun' é. Asina e tende moveshon di mucha ku ta bin tira kos den awa e ta kore skonde. E si no lo bai den bòter.

- **Desaroyo di bo personahe:** Tur personahe ta kambia i krese den un historia. Niun personahe no por kuminsá i kaba mesun kos ku el a kuminsá. E mester a siña algu, logra algu òf bira algu. Imaginá bo un novela kaba sin ku e mucha muhé haña e mucha hòmber pa kasa kuné. No por.

Nanzi semper ta kuminsá komo un "nobody", "don nadie," pero ta kaba komo vensedor.

El Chavo no ta konta pero e ta hasi bon semper.

Mimina, e personahe prinsipal, di mi buki "Mimina, Katibu pa Kuantu Tempu Mas" a kuminsá komo katibu, a bira mal hende ora el a tuma revancha i kaba bèk humilde komo persona liber. Ya e no ta katibu mas.

Miss Marphle di Agatha Christie, ta wòrdu menospresiá pa motibu di su edat pero semper e ta logra saka afó ta ken a mata ken.

- **Komprondé bo personahe su problema:** "Personahe A ke yega B pero problema C ta strob'é."

Bo buki mester wòrdu skibí rondó di e problema kon persona A ta logra vense C i yega na B. Kòrda atrobe riba Mimina. E ta un katibu, e ke su libertat pero e shon no ta dun'é.

Mimina ta A,

Libertat ta B

Shon ta C. (E ta stroba e kos.)

Na final Mimina ta logra vense e problema i haña su libertat. (A a yega B) Kon el a logra? Esei ta e kuminda di bo buki.

Por ehèmpel, den e buki "Hana i su Kabai", nos por mira ku Hana ke su kabai bèk. E no por hañ'é. Su mama a bend'é pa nan haña sèn despues ku su tata a muri. Awor e pregunta ta bin. Kon Hana por haña su kabai bèk? E ta trata, sin pèrmit di su mama, hañ'é den yen problema, despues e ta bai traha den e stal kaminda e kabai ta pa e por ta ku su kabai. Na final un milager ta pone ku e por haña su kabai bèk. Esaki ta tene e lesadó den suspenso. "Ata Hanna, ku tabata doño di e kabai tin ku limpia stal, sushi di kabai i duna lès pa muchanan malkriá por bin kore riba su kabai antó e mes mester limpia."

Kon Hanna ta sobrebibí, ta e kuminda di bo historia.

Den bo biografia bo mester skibi tur e karakternan ku bo konosé. Nan nòmber, nan famia i tur kos. Ora bo lubidá bo por wak bèk.

Ehèmpel: Riba Kaya

1. Djèn Djèn un mucha hòmber koló skur, 12 aña, no ta bai skol, ta biba riba kaya, un ladron, wowo pretu spièrtu, su boka tin lep diki i e gusta hari. E ta bisti un shòrt pretu i un t-shirt pretu. Semper e tin kèts di marka na su pia. E tin un mama i hopi ruman.

2. Gònchi, mucha hòmber di 13 aña, koló kòrá. Kabei kòrá. E ta largu i flaku. E ta

bisti karson kòrtá. Spòrt shùrt, "rùgzak". E ta lihé. E ta papia nèchi. E tin bon manera. Pero bon ladron tambe. E ta kore duru.

3. Eva, 13 pa 14 aña, niun hende no sa. E ta delegá, chikí. Parse un mucha di 10 aña. E tin kabei maron, halá patras den un elastik. E ta surdu. E ta tembla i yora lihé. E no tin mama ni tata. E ta biba riba kaya.

4. Rita, 15 aña. E ta largu i bon formá. E ta bisti djins pèrta i t-shirt. E tin kabei pretu chikí kòrtá den modèl di afro natural. E ta defendé Eva semper. E ta biba riba kaya. E tin hopi triki pa haña sèn i kuminda. E ta hòrta bon.

Kapítulo 4:
Traha un plan di buki.

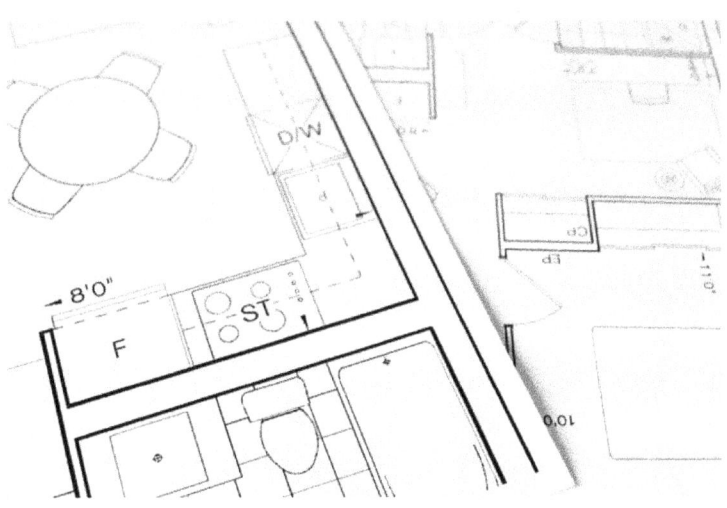

Hopi biaha mi ta splika e stap aki ku un komparashon. Si bo ta bai traha un kas, bo no ta pinta e kas promé? Riba papel tin tur e kambernan ku bo ke, e kushina, si ta un òf dos baño. Si tin un adrei òf nò. Basá riba bo plan ku bo a traha huntu ku e arkitekto, bo ta kuminsá traha e kas. Mi no ta kere ku niun hende ta kumpra blòki i traha e kas sin tin un plan!

Un Plan General òf un Plan Intensivo?

Tin hende ku tin ku plania delaster un stap di nan buki promé nan kuminsá skibi i otro ku ta plania básiko i impovisá na kaminda. Tur dos ta ok. Pero plania te kaminda bo por. Kòrda ku bo no tin nodi di sigui bo plan palabra pa palabra pero e lo yuda bo keda riba rumbo pa bo no pèrdè!

Prinsipalmente bo plan di buki mester tin:

- E problema mas grandi ku bo personahe prinsipal ta bringando kuné.
- Mustra kon e diferente personahenan ta interkambiá ku otro. Kon nan relashon ta.

- Mustra ken ta hasi kiko den e buki. Por ehèmpel Sherlock Holmes na final semper ta saka afó ken a mata ken. Den e buki di Mimina tur Shon ta mal hende pero manera e buki ta bai nos ta mira ku tin shon ku ta ménos malu ku otro. Pero al final e historia ta bin bèk ku tur ta hasi malu tòg: tantu Shon komo katibu.

Sigui improvisá ora bo ta skibiendo.

Traha bo tabla di kontenido (tambe yamá skelèt)

Awor nos ta bai traha un tabla di kontenido. Ami ta sugerí eskritornan nobo pa dividí nan buki den 10 kapítulo. Kada kapítulo mester konsistí di mas o ménos e mesun kantidat di página.

Kiermen bo no por tin un kapítulo di 15 página i un kapítulo di 3 página. Dividí e kantidat igual. Bo por adaptá bo kantidat di kapítulo manera bo mester. Pero si bo no sa kuantu bo mester sigur, kuminsá ku 10 kapítulo. E tabla di kontenido aki ta yuda bo. E ta guia bo pa bo keda den liña. Ora bo tin e 10 kapítulonan bo por traha suptítulo pa e diferente partinan den un kapítulo. Kòrda bo buki mester tin un kuminsamentu, e memei i e final.

Na final di e ehersisio aki bo mester tin 10 kapítulo ku kada un dos frase ku ta bisa mas o ménos kiko lo bo ke einan:

Por ehèmpel den e buki di "Sophia's Mariage", mi a skibi:

Kapítulo 1:

E temporada ku Sophia ta studia na HAVO i ta namorá di Hector

Kapítulo 2:

E temporada ku Sophia su tata ta ninga su bendishon pa e relashon i Sophia i Hector ta kibra ku otro.

Kapítulo 3:

Despues di dos aña ku Hector ta bin bèk, serio i ku bon palabra. E tata ta aseptá. Nan ta kasa.

Kapítulo 4:

E temporada ku nan ta biba den nan flèt nobo pero Hector no ta yuda ku nada.

Bo Skelèt ta ideanan pa bo buki por kana. Nada no ta mara bo ku bo mester sigui nan. Bo por kambia, hinka otro kos aden na kaminda òf kambia henter e plòt mes. Pero traha un plan ku ta yuda bo kuminsá i keda riba un liña.

Kon pa prepará bo mes:

- E promé kos ku bo mester hasi si bo ke skibi un buki ta pone bo kabes na pareu! Plania trankil i kabes friu.
- Wak bo mes i balorisá bo mes. Bo por. Kere den bo mes. E kos ku bo ke skibi di dje ei, ta abo so por splik'é manera bo sa di dje. Ta abo ta e eksperto den bo bida. Ta abo a biba e eksperensia ei òf hasi e estudio ei pa bo por skibi ku outoridat di dje.
- Lo bo haña bo ku hopi pensamentu negativo ta bin. Pone nan den orashon i pidi Dios yuda bo. No akseptá nan. Si Dios a duna bo e deseo pa skibi ta pasobra e ke pa bo skibi.
- No pensa "mi no tin tempu". Pensa: "Mi ta traha tempu pa hasi loke mi ta haña importante". Aki 5 aña mi no ke keda bisa mi ke skibi un buki. Mi ta bai traha tempu. Mi ta bai lanta un ora mas trempan mainta, mi ta bai drumi un ora mas lat anochi, mi ta bai stòp di wak novela, película òf hunga wega riba

kòmpiuter òf kiko ku ta.

- Talbes bo ta pensa: Mi no sa sufisiente pa mi skibi un buki... pensa un bia mas. Bo tin e deseo, bo por kuminsá, antó loke bo no sa, siña buska informashon riba kòmpiuter. Hasi investigashon i siña. Mi ta plania pa skibi un artíkulo kon pa hasi investigashon. Bo no por djis "google" gewon. Tin hopi kos straño riba google. Bo mester sa kon pa hasié.

- Buska buki ku ta trata bo tópiko pa bo lesa. Un eskritora hóben a disidí di lesa e buki "Mimina, Katibu pa Kuantu Tempu Mas?", promé ku e mes kuminsá skibi su promé novela na papiamentu. E kier a wak kiko otro hende a skibi na Papiamentu. Wak ront, bai biblioteka i lesa. Buska informashon.

Mi a publiká un buki na spañó pa Valerie Balootje. E ta biba na Santo Domingo komo mishonero pa hopi aña i el a skibi "Mas allá de las Carcajadas". Ta trata di un buki deboshonal ku ta usa tur e ekspreshonnan di Santo Domingo. Einan e hendenan gusta usa ekpreshonnan pa nan

duna nan opinion. Valerie a kolektá 30 ekspreshon i usa nan pa kompará nan ku e buki di Salmo i duna un devoshon pa nos por siña di dje. Un kos úniko! Ta e ku ta biba na Santo Domingo, ta e sa e ekspreshonnan. Ta e a eksperensiá kon prèt i al kaso nan ta. Awe e ta e persona adekuá pa splika esaki.

Aktualmente mi ta "coach" Jerseline Granviel Ansano di Aruba, pa su di dos buki. El a eksperensiá hopi doló, ora su yu a faya ku Dios, ku su mes i su mucha muhé. E ora ei Jessy a komprondé kon tene kompashon ku esnan ku a faya. El a skibi un buki di su eksperensia den e temporada ei, ku yama "Dare to Model Christlike Compassion." Despues el a skibi esaki na Papiamentu i na Papiamento! Bo por mira tur riba mi website www.luisettekraal.com.

Kiko ta bo pashon ku bo por skibi di dje?	Kua informashon bo falta?

Kapítulo 5:
Prepará pa Skibi

Pone tempu pa skibi tur dia:

Si bo ke skibi 4 òf 5 dia pa siman plania esaki tambe. Ami tin biaha ta lanta mashá trempan pa mi kaba di skibi. Por ehèmpel e buki "Zoe i e Sembradó" mi a skibi mardugá. Pa un luna largu mi a lanta tur dia 4'or i mi a skibié entre 5'or pa 7'or. Asina di dia habri mi tin ku hasi hopi kos i mi no tin tempu mas. Asina mi a logra kaba e buki leuk ei. P'esei mi ta konsehá bo, traha un skèdjel i kumpli kuné. Sinta skibi. Si bo no sa kiko pa skibi, sinta tòg! Hasi orashon pero no keda sin sinta skibi. No pèrmiti bo mes di hasi kos di floho.

- Skohe un lugá pa bo traha. Semper sinta na e mesun lugá.

- Asina bo kurpa kai sinta na e luga ei e sa ku ta trabou tin. Asina bo mes ta kondishoná bo mes pa traha i logra bo soño di skibi i publiká bo buki

- Nos a mira kon ta skohe kantidat di palabra kaba. Esta si bo ta bai skibi un novela antó bo ta skohe pa skibi alrededor di 50 mil palabra, e ora ei bo sa ku kada kapítulo ta 5 mil palabra. (Pasobra mi ta sugerí bo kuminsá ku 10 kapítulo)

- Plania pa skibi tur dia. Kuminsá ku maske ta 300 palabra pa dia te ora bo yega bo 5 mil i un kapíulo ta kla!

- Pone un meta pa bo mes: Duna bo mes un meta pa siman. Sea ta un kantidat di palabra, un kapítulo òf kualkier kos ku bo por midi.

Tin bia mi ta bisa mi mes: Mi ta skibi te ora mi tin 3000 palabra pa dia skibí. Òf tin ora mi ta bisa. Mi ta skibi 10 página i mi ta stòp pa e dia ei. Tur kos ta dependé di tempu, forsa, salú, famia i trabou. Pero pone un meta si, pa bo por logra.

Ehèmpel: Si bo por skibi 300 palabra pa dia (un blachi) antó si bo por skibi 5 dia pa siman esaki ta 1500 palabra. Den 2 siman ta 3000 palabra.

Den 4 luna bo tin 30 mil palabra i esaki ta un bon kantidat pa un buki pa hóben òf un novela chikí.

- Pidi yudansa trempan: Nada no ta mas horibel ku bo a skibi un buki antó ora e ta kla hende ta bisa bo ku e no ta bon! Mi a "coach" un mucha muhé na Hulanda ku tabata den e situashon ei. El a skibi e buki plùs tradusié na otro idioma sin ku e buki tabata bon! E no tabatin un bon fundeshi, e no a usa bon informashon i e buki no tabatin un komienso, ni mei mei ni final. Doló! A kosta nos basta lágrima pa hink'é den otro i drech'é. Si un kas ta trahá kaba no ta fásil pa kambia kos na dje. Pero riba papel si por ainda. Plania bon.

- Sea humilde i pidi yudansa. Buska un hende di konfiansa òf paga un "coach" pa yuda. Mi sa ku esaki lo kosta sèn, i tin "coach" prinsipalmente na Merka ta masha karu, pero bo no ta traha un kas sin un arkitekto, tòg? Buska yudansa pa bo plan di buki ta bon antó bo por sigui riba bo mes!

  Kue pèn i papel òf kue "Laptop". Trabou ta bai kuminsá.

- Skibi tur loke bo sa di e tema ku lo bo ke skibi un buki di dje. Traha un lista di tur kos ku bo sa di e tema aki.

- Tur dia sigui pensa tópikonan ku por bai den e buki. Sigui skibi nan. No wòri si nan ta bon òf no. Nos ta den e fase di pensa riba ideanan i nos ta djis pone tur nos ideanan riba papel.

- Grupa tur e puntonan ku ta pas ku otro. Kada grupo ta organisá ku nan mes tópiko. Benta tur puntonan ku no ta pas, ku ta muchu difísil pa bo òf ku lo kosta muchu energia pa buska informashon afó. Niun buki no por kubri tur kos.

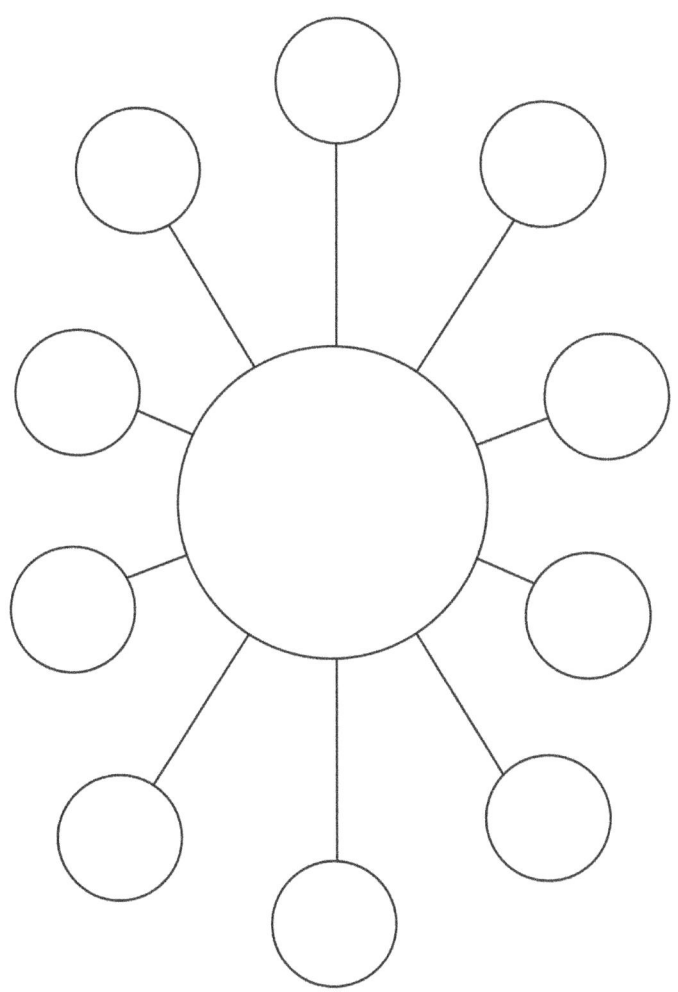

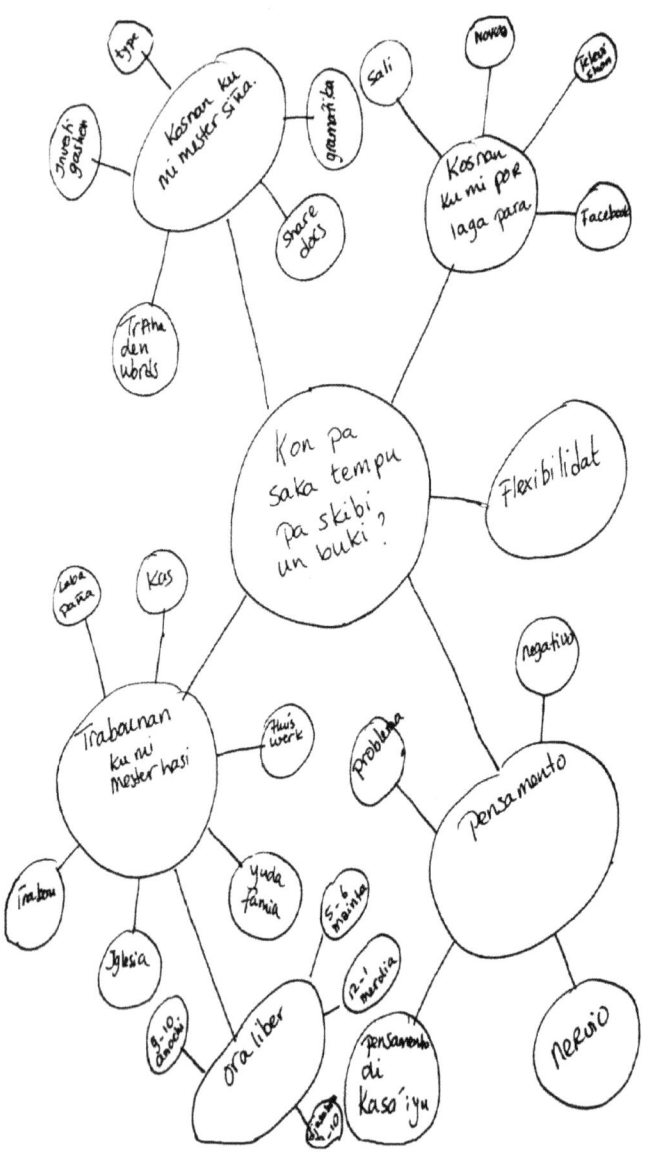

- Kada grupo por bira un kapítulo: purba yega 10 kapítulo. Traha parágrafo den e kapítulonan.

- Pa kada kapítulo skibi 3 pa 5 frase elaborando riba bo ideanan.

- Mi ta sugerí bo pa pone dos punto ku bo por elaborá riba dje den kada kapítulo.

- Bai bèk bo plan di buki i revisá tur kos. Tin mas idea ku bo por hinka aden? Tèrminá tur bo kapítulonan su planifikashon. Sòru pa tur tin maske ta 3 frase pa splika kiko e kapítulo ta kontené i algun punto pa elaborá ariba.

- Bai wak na biblioteka i libreria, bèl hende ku ta eksperto, google i buska informashon. Riba "Amazon.com" tambe bo por kumpra buki online den Kindle i lesa riba bo telefòn.

Hinka tur informashon nobo den bo plan. Nota unda bo ta hañ'é, kua buki bo ta bai lesa, ku ken bo ta bai papia? Antó wak kon bo buki ta flui.

Bo por kambia e sekuensia di bo kapítulonan.

Na final bo mester tin un skelèt ku dies

kapítulo i tres frase pa kada kapítulo. Bo tin nan?

- Sosegá i hasi orashon. Kos ta bai kuminsá!

Kuminsá bo historia ku un "bram".

(Algu ku ta dal duru!)

Bo lesadó lo keda lesa si e promé parágrafonan ta interesante. E promé frase mester yama atenshon. Si bo lesadónan no keda impreshoná na e promé página, nan ta sera bo buki i pon'é riba e kashi banda di kama. Ayó!

Kada un frase ku bo skibi mester ta un bon. Kuminsá bo historia ku un akshon! Laga algu sosodé! Trese suspenso den e historia. Pone bo karakter bou di preshon. Mas grandi mas mihó. Bo historia mester kuminsá mas serka posibel di e momentu di kataklismo den bo buki. E momento ku bo personahe su bida ta kambia di normal pa èkstra ordinario! Laga nos wak un ehèmpel: Den "Riba Kaya" e buki ta habri ku dos suheto ku a kaba di hòrta un hòmber i kore bai... suspenso... Kiko ta bai pasa? Ken ta ken? Esaki ta hala e lesadó aden mesora.

Kapítulo 6:

Kon ta skibi?

Kuminsá poko poko, 300 palabra pa dia ta mas ku sufisiente. Si bo skibi un página so pa dia den 3 luna bo tin 90 + página! John Grisham a kuminsá skibi dor di lanta mardugá i skibi un blachi tur dia! Bo tambe por! Pone tempu tur dia!

E famoso eskritor Hemingway a bisa: "No tin nada na skibimentu, djis bo ta sinta na bo mesa, hinka un papel den bo mashin di taip i basha...."

Skibi bo buki ku ayudo di bo "coach".

Ora bo kuminsá skibi bo mes ta bai sera konosí ku bo mes personahenan. Nan ta kuminsá biba. Nan ta bira famia! Tur dia bo ta deskubrí kos nobo di nan i nan ta bira bo ayudo pa e historia kana. Mas bo skibi, mas e kuenta ta desaroyá i bo no tabata sa no a ni pensa mes ku e lo a bai e direkshon ei.

Tin biaha bo plan, ku bo a pone tantu ora aden, ta kai na awa òf tin ku wòrdu adaptá seriamente. Pero mas bo eksperimentá ku e personahenan, mas bo plòt ta forma i bo storia ta kue forma. Keda pusha. Den e fase aki bo no tin nodi di ta perfekto. Mas lihé bo skibi mas mihó. Tur bo ideanan tin ku bai riba papel.

Bo promé manuskrito lo bira un manuskrito brutu, sigur ku si, pero tur e ideanan ta kana yega huntu i e historia ta forma di mes. No wòri ku esaki. Despues, den e fase di editá, bo por drecha tur e foutnan ei.

Den e fase aki, skibi, sigui skibi i skibi.

Si bo ta bai traha ku un "coach", bèl bo "coach" kada siman pasa pa boso diskutí loke ta riba papel i sigui skibi. Kòrda bo mester tin un kurason habrí pa drecha, drecha i bolbe drecha. Niun hende no por skibi nada den un solo biaha bon. Tur hende ta drecha nan manuskrito hopi biaha. Esaki ta normal.

Skibi tur siman te ora bo tin sufisiente palabra pa forma un buki. Harma bo buki, dividi'é den kapítulo i paragraf.

Promé Manuskrito

- Tanten bo ta skibiendo, no editá. Djis sigui skibi.
- No prekupá ku tamaño ni formashon di e buki. No preokupá ku ortografia, gramátika, òf skibi bon. Djis skibi. Saka tur bo djus afó. Skibi bai!
- Si bo Plan di Buki ta bon trahá, bo no ta keda pegá den skibimentu. Semper lo bo tin un kos pa skibi riba dje.
- Si bo pega di bèrdat na un punto, bula esei i sigui skibi otro kaminda. Despues ora bo lesa tur kos lo bo por editá i skibi pida pa yena kaminda falta.

- Kòrda wak largura di bo kapítulo pa e no bira muchu largu. Bo ta kòrda kon ta plania bo buki tòg? Wak e kantidat di página ku bo ke. Parti esaki den 10 i skibi e kantidat di página ei.
- Kuantu tempu ta tuma bo pa skibi? Bo por skibi un buki den un korto tempu. Mi buki "RIBA KAYA" mi a skibi den un luna. Kla. Mi buki di mucha "Mr Tom", a tuma mi hopi mas tantu tempu! Pa mi haña mi rimanan bon mi a bringa hopi! "Mimina" a tuma mi 1 aña pa skibi. Komo ku e ta un novela históriko mi mester a hasi hopi investigashon den archivonan di tempunan di ántes, tempu di katibu pa mi por a skibié. "Sophias Marriage" mi a skibi i kaba den 3 luna! Kada buki ta tuma su mes tempu. Bo no por pura kos.

Ora bo kaba skibi bo buki bo por pone "THE END" na final. Pabien bo promé manuskrito ta kla! Pero awor e trabou mes ta bai kuminsá!

Kapítulo 7:
Gramátika:

Nos ta skibi pa nos komuniká. Pa e otro hende komprondé nos. Nunka no skibi manera ta un poeta bo ta den un buki di novela. E género no ta pas ku otro. Usa palabranan poeta si bo ta skibi poema. No den otro género.

Redusí bo atverbionan: por ehèmpel, hopi, tiki, mas, ménos.

Kompará:

Kua ta mas fuerte?

"El a tene man di su mama masha duru."

Òf,

"El a gara man di su mama."

Usa verbonan *fuerte*. Buska palabranan fuerte.

Ehèmpel komparashon: Kua ta mas fuerte?

E mucha hòmber tabata durmiendo òf e mucha hòmber tabata morto na soño?

E señora tabata komiendo òf e señora ta saboriá un tayó di aros ku galiña.

E no tabata gusta kuminda di mai Chele òf el a piki pieu den e tayó di kuminda ku mai Chele a kushiná.

Sinónimo:

Buska sinónimonan fuerte pa bo pinta e historia pa bo lesadó lesa. No bisa e lesadó kiko ta pasando. Djis laga e kos pasa i e lesadó mes ta komprondé kiko ta pasando.

Por ehèmpel:

Yanchi a kana bai tur rabiá.

Òf

Ku un zuai Yanchi a hisa pia bai.

E di dos frase ta *mustra bo* kiko a pasa antó bo mes komo lesadó ta pensa: O..o... Yanchi no ta kontentu.

Komo eskritor bo por a laga Yanchi kana bai "kabes abou", "kore bai", "kana lomba doblá".

Ata un lista di sinónimonan aki:

Nunka usa palabra di mas! Eliminá, i sigui eliminá palabra. Solamente esunnan fuerte mester keda. Kita tur vèt for di e kurpa.

Kana	Zuai	Kana lomba doblá	Hisa pia	Kana jangá
Kore	Hisa pia	Kana riba tenchi	Lastra	Disparsé
Tene	Gara	Kue	Mishi	Usa
Wak	Eksaminá	Listra	Skrudiñá	Opservá

Evitá e palabra "tabata":

E hòmber tabata e doño di e negoshi - òf - E doño di e negoshi.

Aktivo

Bo bos mester keda aktivo. Asina bo ta komuniká mihó ku bo lesadó. Buska verbo fuerte pa bo papia di dje.

Ehèmpel di Verbo Fuerte.

Ataká, bati, bula, bòns, karga, kore, splika, dal, skohe, konstruí, demonstrá, disparsé, ehekutá, eksaminá, benta, kore, gara, guli, pita, humiyá, skonde, iritá, traha, limpia, mula, bandoná, abarká, aberiguá, aboná.

Kua ta mihó?

- El a kana bai lihé---------- "Lihé" ta un adverbio pa splika bo kon e verbo "kana" a bai. Pero mihó bo deskribí e esena i nos mes ta komprondé.

  Por ehèmpel: El a bula for di outo, dal e porta sera i kore yega na e porta di e kas.

  Den e di dos frase, bo tin hopi mas verbo, "bula", "dal sera", "kore". Verbo ta fuerte. Nan tin akshon i nan lo yuda bo lesadó keda pegá, ku atenshon, den bo buki.

- Evitá di usa e palabra "hopi". E hòmber

ta hopi kansá... (hopi ta un adverbio pa splika e verbo kansá) Bo por bisa mihó.. "E hòmber a bin for di trabou, drenta kas i laga su kurpa kai riba e stul. El a keda bentá einan." (Konta bo verbionan, "bin", "drenta", "kai".)

E lesadó mes ta komprondé ku ta kansá e ta.

- Ehèmpel dos: E señora ta hopi malu. Mihó bisá: E señora su keintura a subi te na 41 grado. Su kara tabata kòrá i hinchá. Nan a lei e na dòkter pa e por a kai sinta. (Nos komo lesadó mes sa ku e ta HOPI malu e ora ei.)

Kapítulo 8:

Título

Skohe un título. Mester pensa hopi i profundo pa yega na un título. No skohe un título djis pasobra bo gust'é. Mester wak si e título ta kubri e buki. Wak pa e palabranan no ta difísil pa pronunsiá. Wak si e no ta muchu largu. Si ta un seri bo ta skibi tambe mester wak un título pa e seri. Generalmente mi ta konsehá pa bo tin un título pa traha kuné i na final bo ta skohe e título mes mes ku bo ke pa e buki wòrdu publiká kuné. Si bo tin un título ku bo gusta no mara bo kurason di mas n'e. Ku otro palabra no kasa kuné. Duna espasio pa bo "coach" òf otro lesadónan duna bo ideanan ku ta mas mihó pa bo buki.

Pensa riba hopi título

E stap aki ta simpel pero no por hasié den un dia. Usa algun dia pa bo skibi tur e ideanan ku bo por haña pa un título. E ta un proseso di purba, kustumbrá i praktiká. Den mi bida mi a risibí hopi yudansa di mi amiganan pa mi títulonan. Buska yudansa. Papia ku hende. No keda pegá na e promé título ku bo a pensa. Sea flèksibel.

Bai "Amazon.com" pa wak otro títulonan.

Importansha di e Título

E título ta e promé kos ku un hende por mira di bo buki. Hopi hende ta husga un buki na su título. Kuantu di nos lo skohe pa kumpra un buki ku un título ku ta kontra di loke bo ta kere? Un bon título no ta sòru pa bo buki bende i bira un "bestseller" pero un mal título sigur lo sera porta pa bo.

Hopi biaha e título ta e promé kos ku un hende ta tende di bo buki asta promé ku e mira e kaft. Skohe un bon título ta e mihó kos ku bo por hasi pa bo por bende e buki despues!

Skohe un título ta kosta tempu. Papia ku mas hende i skucha nan opinion. No hasié bo so. Kòrda ku ta otro hende mester gust'é, no bo so.

Sinku kos ku un bon título mester tin:

1. E título mester **gana atenshon**. Bo buki por ta provokativo, kontroversial, interesante òf hasi promesa grandi. Si e título ta laf niun hende no ta les'é. Bo título mester ta memorabel!

2. Un título ku ta **memorabel**. Un di e señoranan ku ta traha hopi aña na Mensing"s Kaminada, a bisa mi, ku tur hende ku bin buska buki ta duna nan un título ku ta robes. Kasi nunka e hende no sa e título korekto!

   Nos mester skohe un título ku ta funkshoná bon! Ku hende ta keda kòrda!

Mi título "Riba Kaya" semper a bende bon i ta memorabel. Mi buki "Devotional Journal" ta bende di su so na Amazon.com. Hendenan sa ku ta un "devotional", e título ta eksaktamente loke tin den e buki. Nada difísil.

3. **Informativo (e tin ku duna un indikashon kiko tin den e buki).**

   Un título mester splika un tiki di loke tin den e buki. E punto aki no ta esun di mas importante pero tòg bo no por lag'é pasa. Esaki ta un tèst ku bo por hasi: Na un fiesta si bo bisa un hende e título di bo buki, nan lo komprondé òf nan lo puntra bo di kiko e buki ta trata?

4. **Simpel pa pronunsiá.**

   Skohe algu simpel pa pronunsiá! Hende gusta lubidá! No hasi kos difísil pa nan. Duna nan un kos fásil pa kòrda. E título "Mimina Katibu pa Kuantu Tempu Mas" no ta dje fásil ei na Ingles! Einan mi a yame "Mimina, the Slave girl". Merikano nan ta lora lenga riba e "Mimina". Nan no por pronunsié. Den e kaso aki mi a skohe pa hasié asina ei tòg paso Mimina tabata un katibu ku a eksistí di bèrdat na Boneiru. Mi no kier a pèrdè e pida di historia ei.

5. Evitá Bèrgwensa

E no mester laga hende sinti bèrgwensa ora nan pronunsiá bo título. No usa un título ku ta nifiká algu otro den e kultura ku bo ta publiká aden. Por ehèmpel, no yama bo buki: "Dikon Hende Pretu ta Sabí." E palabra "hende pretu" por trese ofensa pa algun hende. Bo por usa e título di "Inteligensia di Yunan di Kòrsou." Inteligensia ta un palabra mas positivo i den e buki bo por splika e diferensia den rasanan si esei ta importante.

Si bo título ta motivá i inspirá otro hende, bo ta riba e bon kaminda! Si bo título ta trese kontroversia i negativismo, e no ta bende bon.

Tèst pa bo sa si bo título ta bon:

Imaginá bo e senario aki: Un bon amigu di bo ta konta un konosí di dje na un fiesta tokante di bo buki. Antó e kòmbersashon ta animá. Bo ta tende título di bo buki kai. E otro ta sukudí su kabes afirmativo i ta smail atento. Bo amigu ta splika un tiki i mesora e otro ta komprondé! Bo amigu ta pronunsiá e título fásil i korekto. E otro ta bira i ripití e título fásil pa un otro hende ku a kana yega i kòmbersashon ta sigui ameno. E ora ei bo sa ku e título ta un bon título!

Suptítulo.

Bo buki mester di un suptítulo? Esaki ta dependé. Si bo buki ta un buki di fikshon e no mester di un suptítulo. Pero si bo ta skibi algu edukativo, bo mester splika mas. Normalmente e suptítulo ta splika e lesadó algu di e kontenido ku tin den e buki. E ta primintí loke e lesadó por verwagt di enkontrá den e buki. Un ehèmpel: Aworaki mi ta terminando un buki ku ta un No-Fikshon ku e tópiko di abuso eklestial. E buki yama "Autoridat Máksimo". Si mi laga e nòmber asina ei so, abo komo lesadó no sa di kiko e ta trata. Ta p'esei mi ta pone un suptítulo ku ta splika un tiki: "Kon Liderato di un Iglesia mester ta?"

Dor di e suptítulo bo sa kiko bo por verwagt. E ta trata di un buki eklestial, e ta trata di liderazgo, lo bo siña kon ta manehá un iglesia den e buki ei. Tur esakinan dor di e suptítulo. E ta hopi importante.

Kapítulo 9:
Editá

Selebrá ku bo a skibi un buki. Tuma tempu pa para ketu i gradisí Dios i tur hende ku a yuda bo. Kue forsa! Pasó awor e trabou grandi ta kuminsá.

Revishon

- Awor bo por bai bèk i revisá bo trabou. Sinta lesa tur kos! Lesa henter e buki i resistí bo mes pa editá einan. Djis les'é pa bo sa si e fluho ta kana bon i kon e ta sinti.

- Ora bo kaba, bolbe kuminsá lesa. Awor bo por move/ kita partinan ku bo ke kambia. Talbes parti di kapítulo 3 ta pas mihó serka kapítulo 1? Kambia numa.
- Bo por traha kapítulo nobo si bo mester di mas kapítulo. Bo por tin kuantu kapítulo ku bo ke. Basta e buki ta bon strukturá.
- Depues lesa henter e buki atrobe. Awor bo por bai den detaye i drecha gramátika i frasenan suak. Tuma bo tempu i wak bon.
- Ora bo kaba, laga bo dokumento para algun dia i hasi otro kos. Despues di algun dia òf un siman bo ta bolbe ku'é i bolbe les'é pa bo limpia mas mihó posibel atrobe. Wak tur detaye!
- Awor bo por kuminsá pidi amigunan pa lesa un kapítulo pa bo i yuda bo drecha. Manda nan un pa un. Tin biaha si bo manda henter e buki un hende ta deskurashá. Sigur si e hende no ta un editor. Pidi mas ku un hende yuda bo lesa i drecha ora nan manda revishon pa bo, no pusta boka. Si nan no a komprondé e ora ei e no ta kla. Bo tin ku kambi'é. Ta nan mester komprondé. Nan ta bo lesadó.

- Ora bo ta kla bo por ripití e mes un proseso te ora bo ta kompletamente satisfecho ku bo buki. Puntra bo mes: Mi ta satisfecho ku e plòt? E karakter ta konvensibel? Kon e ritmo di e buki ta? Muchu purá? Mester hasié mas pokopoko? Òf e ta bira laf? E historia ku bo a skibi ta interesante? E ta kue atenshon i tene esei?
- Ta fásil pa skibi un buki pero no ta fásil pa revis'é te ora e keda kla i komprondibel pa hende lesa. Tuma tempu pa skibi partinan di nobo ku no ta kla. E proseso di editá aki ta tuma hopi luna. E ta trabou di pasenshi.

Editor

- Buska un editor ku por kontrolá bo buki pa bo. Gastunan pa un editor por ta bastante. Pepará pa esaki.
- Tin dos tipo di editor. (Tin mas, pero mi ta trata dos aki nan.) Un ta wak gramátika i un ta wak forma di e buki.) Ami personalmente por wak forma di buki bon. Ta fásil pa mi wak si un kapítulo mester skùif òf si un informashon falta splikashon. Pero no pidi mi pa hasi gramátika! Mi no tin wowo pa gramátika. Kada editor tin su trabou. Editor di forma

i kontenido bo ta usa na kuminsamentu i editor di gramátika ta na final.

- Ora bo buki ta kla bo mester buska un editor di gramátika. No por falta esaki. Pa e flo bo por haña reakshon di bo "coach" mes si bo ta trahando ku unu. Pero editá gramátika ta algu ku un terser persona mester hasi pa bo. No keda sin hasié. E editor di e buki lo wak frase pa frase si no tin fout aden.
- Mas limpi e buki ta, mas kredibilidat bo buki lo tin serka hende.
- Si bo no tin sèn pa paga un editor buska algun amiga(/u) sabí ku ta duna lès di papiamentu òf e lenguahe ku bo ta skibiendo aden i laga nan yuda bo. Bo por ofresé un amigu pa lesa pa bo i abo ta lesa p'é. Òf bo ta limpia kas p'é pa kuater siman si e editá pornada pa bo den kuater siman. Hasi bo bèst pa bo buki keda limpi.

Parti Doloroso di Editashon

Un parti mashá importante i doloroso di editashon ta, ku bo mester kòrta i benta partinan skibí afó! Niun eskritor no gusta esaki. Kada frase ku nos skibi ta importante pa nos. Pero den e proseso di editá bo tin ku disidí di kòrta laga bai si e no ta pas einan.

Bo tin ku wak palabra pa palabra. Tin algu einan ku por kita afó? Talbes e frasenan aki ta muchu poétiko i ta hasi e narativo chapo? Tin biaha bo a pèrdè hopi ora pa buska un palabra anto awor den revishon un hende ta bisa bo ku nèt e palabra ei no ta pas! Grrrrr. Ku doló bo ta sak'é afó!

Editá ta kòrta. Tin biaha te den bo kurason! Mi ke bisa bo un kos..."mata bo puitunan." "Siña divorsiá bo palabranan". "Siña laga lòs".

Bo meta ta pa komuniká. E kos ku bo a skibi no ta skibi pasó e ta zona dushi den bo orea. E ta skibi pasó e ta bon pa e hende ku ta les'é! Antó si bo lesadónan no ta komprondé? E ora ei e tin ku bai! Tuma kurashi, ounke ta duel bo: kòrt'é afó! Bo lesadónan ta mas importante ku loke bo mes ke.

Buki na Dieta

Hinka bo buki den "gym"! E mester baha di peso. Di tur loke bo a skibi, algun parti lo keda atras. No pone palabra dimas. Limpia i sigui limpia atrobe. Si loke bo a skibi no ta yuda e historia bai dilanti, no ta laga e plòt move nos mester edit'é! No spanta. "Less is best", merikánonan ta bisa, antó ta bèrdat.

- Konsiderá seriamente pa invertí den un coach. Un hende ku ta yuda bo lesa i guia bo. Wak pa ta un hende ku tin hopi eksperensia ku skibimentu. No subi internèt i paga un stranhero ken ku ta. Bo mester sa ta ken.
- Si bo a hasi tur e stapnan aki antó bo buki ta delegá i limpi bo ta kla. PABIEN!
- Bo a skibi bo promé buki. Awor si bo por fiesta.

Kapítulo 10:

Finalisá

Kolofon

o   Skibi bo kolofon. Wak den otro buki kon nan ta hasié i kopia esaki. Sòru pa tin einan:

o   Bo nòmber i fam korekto.

o   Fecha di publikashon.

o   Nòmber di bo organisashon si bo tin.

o   Nòmber di bo diseño gráfiko.

o   Nòmber di e hende ku a pinta pa bo (si mester).

o   Nòmber di bo editadó (si mester).

- Si bo a sita for di Beibel, aki bo ta pone kua vershon bo a usa i e pèrmit. (Bo ta haña e pèrmit riba e website di e vershon ku bo a usa.)
- Pone bo kòpirait akinan. E úniko kos ku bo página di derechi di outor mester tin ta esaki: © 2009 (Bo nòmber).
- **ISBN** – Si bo ta publiká ku ami, mi lo duna bo un number di ISBN, via Amazon. Si bo ta publiká via di un imprenta na Kòrsou, bo por kumpra bo ISBN na Kòrsou mes na Ofisina pa Propiedat Intelektual di Kòrsou

  Berg Carmelweg 10-A
  Willemstad,
  Kòrsou
  Tel.: (+599 9) 465 7800
  Faks: (+599 9) 465 7815
- Bo Facebook/Website/ Email. Bo por incluí den bo buki unda bo lesadónan por tuma kontakto ku bo, kua ta bo website, bo blog twitter òf facebook. Talbes bo ke bo buki riba "Goodreads" òf kualke otro blog.
- Logo: Si bo tin un logo hinka esaki akinan. Kòrda ku tur kos ta na pretu ku blanku.

Paginá di Rekonosementu:

Esaki no ta un eksigensia pero ta bon pa bo pensa si bo ke duna danki na hendenan ku a yuda bo, editá pa bo òf sostené bo den e proseso. Algun frase simpel ta bon. Por ehèmpel, "Mi ke yama danki na mi amiga Joella ku a yuda mi ku e buki akí."

Dedikashon

Tampoko no tin mester pero bo por disidí di dediká bo buki na un persona importante den bo bida, por ehèmpel bo mayornan òf bo famia. Ami a dediká mi buki "Riba Kaya" na mi yunan di kriansa. Mi a dediká mi seri di "Mr Tom" na mi yu muhé.

Rekomendashon

Tambe ta bon pa buska un rekomendashon di un otro eskritor konosí òf un pastor òf un hende di peso den komunidat ku ke rekomendá e buki. E mester ta un hende ku a lesa e buki delantá i skibi e karta di rekomendashon dilanti den e buki. Esaki no ta un kos ku mester pero bo por hasié!

Kompilashon:

Traha un kompilashon di dos òf tres frase di kada kapítulo den bo buki. Skibi un introdukshon i ward'é. Bo mester di dje ora bo ta bai papia, ora bo ke laga un kompania grandi saka bo buki òf ora bo ke pa un hende skibi over di bo buki riba nan "blog". Tambe bo mester di un di dje pa bo "coach".

Kapítulo 11:

Formashon i Publikashon

Formashon

Awor ku bo buki ta kla, e no tin fout i e tin tur detaye pa publiká bo mester buska un desiñadó ku por harm'é pa bo den e forma di buki. Programanan ku e mester por usa ta "Photoshop" i "Indesign". Talbes otronan tambe. Mester saka e buki for di Microsoft WORDS i pone "make-up" riba dje pa e páginanan keda nèchi i atraktivo pa un hende lesa. Buska un hende ku por hasi diseño i laga nan hasié pa bo. Bo "coach" lo buska esaki pa bo si bo tin un "coach".

Pa publiká bo tin algun opshon:

Na Kòrsou.

Un amiga di mi ku ta un diseñadó a bisa mi: "Si bo bai un kosedó bai kose un shimis, bo no por bis'é simplemente, "kose un shimis pa mi." No, bo mester bis'é: "Mi ke un shimis kòrá, tela tèrlenka, boton dilanti, ata un modèl di loke mi ke aki. Bo por kos'é?"

El a splika mi ku meskos asina ei diseño di buki ta traha. Hasi bo hùiswèrk promé ku bo bai imprenta. Sa kiko bo ke. Hopi kas di imprenta tin nan mes diseñadó. Ora bo yega imprenta pa drùk e buki, bo mester sa kiko bo ke pa nan por traha.

Ami mes ta traha ku diseñadó pafó di e imprenta. Mi tin un hende ku mi sa ku su trabou ta bon i ku a harma hopi buki pa mi kaba.

Sais di e Buki

Si bo traha ku un diseñadó pafó di e imprenta bo mester formatiá bo buki presis na e sais di loke e imprenta ke bo hasi. Puntra delantá kon nan spesifikashonnan ta i pidi e diseñadó pa trah'é pa bo eksaktamente na e midi ei sin kita sin pone.

Si tin potrèt den e buki, investigá e sais ku e potrèt mester tin i su DPI. Pa bo buki sali profeshonal.

Si bo bai un imprenta sin sa kiko bo ke, nan mes lo traha riba e formato pa bo. Mas mihó bo sa kiko bo ke mas mihó bo por splika i mustra nan kiko bo ke. Mi ta konsehá bo buska un buki ku bo gusta e tipo di lèter i e grandura i hasi un kopia di esaki. Bisa e hende ku ta traha riba bo buki pa bo ku bo ke esei. Pensa si bo ke bo promé lèter grandi òf no, kua tipo di lèter bo ke, si bo ke e título di kada kapítulo mei mei òf na banda. Wak hopi buki i buska bo ideanan. Mester tuma desishon riba tipo di lèter, grandura, koló di papel i distansia di frase por ehèmpel.

Tambe diferente kas publikadó tin nan mes sais di blachi. Mester re-sais pa e pas pa e kas publikadó.

Merka

Ami, komo "coach" ta traha na Merka ku Amazon.com. Nan ta usa MOBI files. Barnes & Noble ta usa DOC òf EPUB file, i Smashwords ta usa DOC. Ami komo "coach" ta sòru pa mi klientenan su manuskrito sali for di "Words" i bira un buki bunita ku mi mes ta sòru pa publiká.

Buska hende serio pa traha pa bo. Na Kòrsou un amiga di mi a bai un imprenta antó e no a prepará bon. El a pensa ku nan lo hasié bon. Nan a drùk su buki p'é riba papel lombrá! Hopi difísil pa e lesadó! Ami mes ku gusta lesa no por a kab'é paso e frase nan tabata chikitu, primí riba otro i e papel tabata lombra kansa mi wowo.

Kapítulo 12:
Kaft

Awor ku nos a kaba ku e parti paden di e buki, nos ta bai wak su kaft. E kaft ta konsistí di tres parti. Kaft dilanti, kaft patras i lomba di e buki. Talbes un bon kaft ta mas importante ku e buki mes. Ta e kaft ta bende e buki. Si bo kaft ta atraktivo, e buki lo wòrdu kumprá. Buska un bon artista gráfiko pa hasi bo kaft pa bo.

Kaft Dilanti

Pone hopi atenshon na e kaft. E kaft dilanti ta e promé kos ku un hende ta wak. Aki ta masha importante pa bo no hasi loke bo mes gusta pero loke e públiko ku bo a skibi p'é gusta. Por ehèmpel. Ami komo hende muhé a skibi un buki pa hende hòmber ku ke kore baiskel komo deporte. Mi no por pone un kaft ku dos hende na ros bistí riba nan baiskel lila pará ta pos i ta smail dilanti di un mata di rosa tur na flor. E no ta bai! Ta pa hende hòmber e ta. Mihó mi tin un foto di dos kabayero bon tipo ta reis. Nan ta bistí: na shòrt di bisikleta i ku hèlm yen stail. Si òf nò?

Riba bo kaft bo ta pone bo título, bo suptítulo si bo tin i bo nòmber, fam i título si bo ke.

Título di Estudio

Uso di título ta opshonal. Ora ami ta skibi pa mucha, mi no ta pone DRS. MA. RN i tur mi títulonan. Mi no ta haña ku e ta relevante. Pero ora mi publiká un buki di teologia manera "Maximum Authority" mi tin ku pone tur mi títulonan. E lesadó ei ke sa ta ku ken e ta dil. E ke sa ta kua outoridat mi tin pa bis'é kon pa liderá un iglesia. Uso di título ta keda na bo.

Deskripshon

Bo deskripshon ta e parti ku ta bai patras di e buki. Ora bo bai kumpra un buki kiko bo ta hasi promé? Presis, bo ta bòltu e patras i wak kiko tin skibí. Si bo topa un fout gramátikal einan, lo bo ke kumpra e buki ei? Kasi sigur nò. Bo ke lesa un kos interesante ku ta habri bo apetit pa kumpra e buki i les'é. P'esei mes bo mester di un bon deskripshon.

Esaki ta sumamente importante. Sino bo ta piska sin anzue. Ku e deskripshon ku bo ta bai pone patras di e buki riba e kaft bo lo por "pega" bo lesadónan. Mester pone bon tempu pa editá saki. E mester ta e mihó ku bo por pensa. Laga por lo ménos shete hende les'é i duna nan opinion.

Biografia di autor:

Skibi un biografia kòrtiku i un biografia largu di bo mes. Un bo mester por bisa den 1,5 minüt i e otro den 3 minüt. No pasa 400 palabra si bo ta publiká via Amazon.

Kategoria

Si bo buki ta bai "Amazon", bo mester determiná kua tipo di kategoria bo buki lo ta. Por ehèmpel e ta un suspenso òf drama? Amazon ta pèrmití bo usa dos kategoria.

Pero Barns & Nobles ta laga bo bai te sinku kategoria. Laga mi duna bo un ehèmpel pa bo komprondé: Bo kategoria grandi ta: Fiction > Romance > Historical òf Juvenile Fiction > Love & Romance. Bo ta determiná esaki dor di bai libreria i wak otro bukinan ku parse di bo i wak den kua kategoria nan ta kai. Bo por "Google" tambe. I semper por kambia e kategorianan. Ta bon pa pone riba bo página kua kategoria bo buki ta kai aden.

Search Keywords (Buska Palabranan Klave)

Esakinan ta palabranan ku bo ta usa pa "tag" (pone etikèt /leibel) bo buki i si un hende ta buska riba e tópiko aki e lo hañ'é. Pa "Kindle", bo por usa shete palabra pa "tag". Kòrda mester separá nan ku un kòma, pa Amazon tambe tin un kantidat ku bo por usa. Nan ta fluktuá pero bo "coach" lo yuda bo ku esei.

Publiká bo Buki!

Porfin bo buki ta kla pa publiká! Bo tin título, deskripshon patras, suptítulo, tur loke bo a skibi i awor bo ta bai publiká.

Si bo ta biba na Europa òf na Merka, bo por manda bo manuskrito pa un kas publikadó grandi i nan lo por kumpra e manuskrito for di bo i publik'é pa bo! Esaki ta dura hopi i ta hopi difisil. Si bo ta biba na Kòrsou bo lo mester bai un kas di imprenta i hasi tur e trabou di publiká bo mes. Sigui e kontenido di e buki aki ora bo ta prepará e buki i tur kos lo sali bon.

Bo a lesa te aki, kiermen bo ta serio pa publiká un buki! Hopi bon. Kuminsá awe. Kiko ta bo tópiko? Bo por kuminsá i kab'é e aña aki mes. Bo ta ban p'é?

LISTA DI BUKI

www.luisettekraal.com

The Tale of the
House on the Rock

The Tale of the Camel and the
Eye of a Needle

The Farmer who
Lost his Sheep

Jonah in the Smelly
Belly of the Fish

The Tale of the days
The King Has Made

Hopper
Needs Clean Water

Riba Kaya

Sophia's Marriage

Hannah i Su Kabai

Nebo su Biahe: Di Babilonia pa Israel; Un Kaminda Largu.

Zoe and Mr. Tom, the Sower

The Adventures of Mr. Tom and Bryan

Rooper the Rooster Comes to Play

Mimina

Devotional Journal: For GirlZ

Devotional Journal for Strong Young Men in Training

Tópiko

	Kua ta e informashon ku bo mester?	Unda bo por hañ'e?
1		
2		
3		
4		
5		
6		
7		
8		
9		
10		
11		
12		
13		
14		
15		

ANOTASHON

www.ingramcontent.com/pod-product-compliance
Lightning Source LLC
Chambersburg PA
CBHW041147110526
44590CB00027B/4154